Comité central

des

Houillères de France

Durée du Travail

dans les Mines

I. — Loi du 29 Juin 1905.
II. — Circulaire ministérielle du 20 Octobre 1905.

✻ ✻ ✻

PARIS

55, Rue de Châteaudun, 55

1905

Comité central

des

Houillères de France

———

Durée du Travail

dans les Mines

I. — Loi du 29 Juin 1905.
II. — Circulaire ministérielle du 20 Octobre 1905.

PARIS

55, Rue de Chateaudun, 55

—

1905

Durée du Travail

dans les Mines

———— + × + ————

I

Loi du 29 juin 1905 relative à la durée du travail dans les mines.

————

Le Sénat et la Chambre des députés ont adopté.

Le Président de la République promulgue la loi dont la teneur suit :

ARTICLE PREMIER.

Six mois après la promulgation de la présente loi, la journée des ouvriers employés à l'abatage, dans les travaux souterrains des mines de combustibles, ne pourra excéder uné durée de neuf heurés, calculée depuis l'entrée dans le puits des derniers ouvriers descendant jusqu'à l'arrivée au jour des premiers ouvriers remontant; pour les mines où l'entrée a lieu par galeries, cette durée sera calculée depuis l'arrivée au fond de la galerie d'accès jusqu'au retour au même point.

Au bout de deux ans à partir de la date précitée, la

durée de cette journée sera réduite à huit heures et demie et, au bout d'une nouvelle période de deux années, à huit heures.

Il n'est porté aucune atteinte aux conventions et aux usages équivalant à des conventions qui, dans certaines exploitations, ont fixé pour la journée normale une durée inférieure à celle fixée par les paragraphes précédents.

Art. 2.

En cas de repos prévus par le règlement de la mine et pris soit au fond, soit au jour, la durée stipulée à l'article précédent sera augmentée de la durée de ces repos.

Art. 3.

Des dérogations aux prescriptions de l'article premier pourront être autorisées par le ministre des Travaux publics, après avis du Conseil général des mines, dans les mines où l'application de ces prescriptions serait de nature à compromettre, pour des motifs techniques ou économiques, le maintien de l'exploitation. Le retrait de ces dérogations aura lieu dans la même forme.

Art. 4.

Des dérogations temporaires, dont la durée ne devra pas excéder deux mois, mais qui seront renouvelables, pourront être accordées par l'ingénieur en chef de l'arrondissement minéralogique, soit à la suite d'accidents, soit pour des motifs de sécurité, soit pour des nécessités occasionnelles, soit, enfin, lorsqu'il y a accord entre les ouvriers et l'exploitant pour le maintien de certains usages locaux. Les délégués à la sécurité des ouvriers mineurs seront entendus, quand ces dérogations seront demandées à la suite d'accidents ou pour des motifs de sécurité.

L'exploitant pourra, sous sa responsabilité, en cas de danger imminent, prolonger la journée de travail en attendant l'autorisation qu'il sera tenu de demander immédiatement à l'ingénieur en chef.

ART. 5.

Les infractions à la présente loi seront constatées par procès-verbaux des ingénieurs et des contrôleurs du service des mines qui feront foi jusqu'à preuve contraire.

Ces procès-verbaux seront dressés en triple exemplaire : le premier sera envoyé au préfet du département, le second sera déposé au Parquet et le troisième sera remis au contrevenant.

ART. 6.

Les exploitants, directeurs, gérants ou préposés qui n'auront pas mis à la disposition des ouvriers les moyens de sortir de la mine dans les délais prévus par la présente loi, seront poursuivis devant le tribunal de simple police et punis d'une amende de cinq à quinze francs (5 à 15 fr.). L'amende sera appliquée autant de fois qu'il y aura de personnes employées dans les conditions contraires à la présente loi, sans toutefois que le chiffre total des amendes puisse excéder cinq cents francs (500 fr.).

Les chefs d'industrie seront civilement responsables des condamnations prononcées contre leurs directeurs, gérants ou préposés.

ART. 7.

En cas de récidive, les contrevenants seront poursuivis devant le tribunal correctionnel et punis d'une amende de seize à cent francs (16 à 100 fr.) pour chaque personne employée dans les conditions contraires à la présente loi, sans toutefois que le chiffre total des amendes puisse excéder deux mille francs (2.000 fr.).

Il y aura récidive lorsque, dans les douze mois antérieurs aux faits poursuivis, les contrevenants auront déjà subi une condamnation pour contravention identique.

L'article 463 du Code pénal sera applicable aux condamnations prononcées en vertu de la présente loi.

La présente loi, délibérée et adoptée par le Sénat et la Chambre des députés, sera exécutée comme loi de l'État.

Fait à Paris, le 29 juin 1905.

ÉMILE LOUBET.

Par le Président de la République :

Le Ministre des Travaux publics,
GAUTHIER.

II

Circulaire du 20 octobre 1905 du ministre des Travaux publics.

Paris, le 20 octobre 1905.

Le Ministre des Travaux publics
à Monsieur   , ingénieur en chef des mines.

Dans sa sollicitude toujours éveillée pour la classe ouvrière, le Parlement vient de voter, avec la loi du 29 juin 1905, sur la durée du travail dans les mines, une des mesures à coup sûr les plus importantes parmi nos lois sociales. Ce n'est rien moins, en effet, que le régime légal du travail de huit heures; et encore que l'on ne doive arriver à ce terme que dans quatre ans; que la loi ne touche directement qu'une catégorie d'ouvriers des seules mines de combustibles, on ne peut pas ne pas être frappé de la portée de ces nouvelles dispositions pour alléger le travail des ouvriers mineurs en France.

Par une innovation dans le fonctionnement habituel du service des mines, qui ne mérite pas moins d'être remarquée à un autre point de vue, c'est aux ingénieurs des mines qu'a été confié directement, sous mon autorité, le soin d'assurer l'application de cette loi. Par son article 4, en effet, elle a donné explicitement à l'ingénieur en chef le rôle d'un véritable chef de service, d'un agent direct ne relevant que du ministre des Travaux publics : il était évidemment dans l'esprit du législateur d'étendre ce régime aux autres circonstances dans lesquelles le service local des mines peut avoir à

intervenir pour l'application de cette loi, de façon que l'ingénieur en chef, pour toutes les questions qui y touchent, cor-
responde directement avec le Ministre sans passer par l'intermédiaire du préfet qui n'aura pas, en principe, à s'occuper de
ce sujet. C'est une situation analogue à celle dans laquelle
fonctionne, pour des matières semblables, dans les autres
industries, le service de l'inspection du travail sous l'autorité
du Ministre du Commerce et de l'Industrie; c'est dans ces
conditions qu'agissent déjà les ingénieurs des mines, sous l'autorité de ce Ministre, comme inspecteurs du travail, pour
l'application des lois des 2 novembre 1892 et 30 mars 1900;
ce serait là s'il en était besoin, une raison de plus pour justi-
fier la procédure qui m'a paru devoir être admise pour la loi
du 29 juin 1905.

Je suis sûr que, par le soin que vous mettrez à l'accomplissement de cette partie de votre service, vous répondrez plei-
nement à la marque de confiance que les pouvoirs publics
vous ont ainsi témoignée.

La présente circulaire a pour objet de vous donner les
instructions générales nécessaires à l'application de la loi.

Vous en trouverez le texte ci-joint; il a été publié au *Jour-
nal officiel* du 2 juillet. Conformément à l'article 1er, la loi
devra donc être appliquée à partir du 5 janvier 1906.

Je vais examiner ses diverses dispositions dans l'ordre des
articles.

Mais, auparavant, je dois présenter une observation générale sur le mode d'application de la loi qui diffère de celui
relatif aux lois de police sur les mines. Lorsque l'Administration intervient en cette dernière matière pour une mesure à
introduire, un inconvénient à supprimer, elle fait une signifi-
cation appropriée à l'exploitant, lui indiquant en détail et
avec précision ce qu'il doit exécuter; l'inobservation de cette
injonction suffit pour entraîner des sanctions administratives
ou judiciaires assurant l'exécution de la disposition ordonnée.
Il ne peut pas en être de même avec la loi du 29 juin 1905.
Sauf en ce qui concerne les autorisations pour dérogations,
cette loi n'a pas prévu de réglementation de détail à la disposition de l'Administration. Lorsque celle-ci estime que les stipulations de la loi ne sont pas observées, elle ne peut que cons-

tater l'infraction par des procès-verbaux sur lesquels il appartient à l'autorité judiciaire de statuer en appliquant les pénalités des articles 6 à 8. C'est donc à cette autorité qu'il appartient de donner l'interprétation définitive de la loi. Mais l'Administration doit commencer par la proposer à raison de son droit de verbalisation; c'est sous le bénéfice de cette remarque que j'arrive au commentaire qui va suivre.

ARTICLE PREMIER.

1. — La loi ne s'applique qu'aux mines de combustibles, c'est-à-dire aux concessions de lignite, de houille et d'anthracite.

2. — Elle ne s'applique qu'aux travaux souterrains de ces mines, laissant de côté tous les ouvriers employés aux diverses opérations et manipulations exécutées au jour, et ceux qui seraient occupés même à l'abatage de la houille dans des chantiers à ciel ouvert, comme il en existe dans certains découverts.

3. — Pour tout le personnel autre que les ouvriers employés à l'abatage dans les travaux souterrains, qui vont être définis ci-dessous (n° 4), que ce personnel soit occupé au fond ou au jour, les règles sur la durée du travail découlant des lois des 2 novembre 1892 et 30 mars 1900, sous l'autorité du Ministre du Commerce et de l'Industrie, continueront à être appliquées sans aucune modification et sans qu'on ait à se préoccuper d'une superposition éventuelle de la loi du 29 juin 1905, puisque cette loi ne s'applique en aucun cas à ce personnel.

Pour les ouvriers employés à l'abatage dans les travaux souterrains, les dispositions de la loi du 29 juin 1905 doivent éventuellement se combiner avec les deux autres lois précitées, de façon qu'il soit satisfait simultanément, suivant les circonstances, à l'une et à l'autre des deux catégories de dispositions et, pour chacune, par les autorités et avec la procédure qui leur sont propres.

4. — Les ouvriers employés à l'abatage doivent s'entendre tant des mineurs et piqueurs au charbon que des mineurs au rocher; et on doit comprendre dans cette double catégorie

tant les ouvriers titulaires que leurs aides qui concourent effec-
tivement au même travail d'abatage, sauf à recevoir un salaire
moindre à raison des conditions de leur participation.

Tout ouvrier occupé à provoquer la chute soit de la houille,
soit du rocher, dans une taille ou dans un chantier à ce des-
tinés, par un travail au pic ou par les explosifs, bénéficie de
la loi, alors même que, à raison de l'organisation spéciale du
travail de la mine, il aurait à s'occuper accessoirement d'un
autre travail dans cette taille ou ce chantier tel que boisage,
remblayage, roulage, etc.

Ce qui caractérise l'abatage visé par la loi, c'est que les ouvriers qui y sont occupés font de l'avancement et sont les seuls
à en faire dans une mine.

Ne rentrent pas au contraire dans les ouvriers employés à
l'abatage ceux qui, même à la taille ou au chantier d'abatage,
ne sont jamais occupés à l'abatage proprement dit, mais exclu-
sivement à des travaux accessoires tels que chargement, boisage, remblayage, roulage, etc. La raison de cette distinction
tient non seulement à la différence du travail, mais aussi à ce
que ces ouvriers peuvent dans le même poste, être occupés
à un de ces travaux accessoires à plusieurs tailles ou chantiers.

Les boiseurs, raccommodeurs ou raucheurs ne sont pas da-
vantage des ouvriers employés à l'abatage, encore qu'accessoirement ils aient à abattre des roches au pic ou par les explosifs, pour procéder à un relevage par exemple ; ils ne font pas
de l'avancement et ils peuvent, au cours d'un même poste, tra-
vailler dans plusieurs points.

Ces explications et ces exemples permettront de discerner
avec sûreté, dans toutes les circonstances, la catégorie exacte
des ouvriers et des travaux auxquels s'applique la loi.

5. — La loi (art. 1er) ne paraît distinguer, pour l'entrée et
la sortie, que deux cas, suivant qu'elles se font « par puits »
ou « par galerie d'accès ».

En réalité, les conditions sont plus multiples et demandent
des distinctions plus nombreuses pour une application complète
et sûre.

Par la circulation « par puits », tout d'abord, on doit entendre celle plus communément désignée, au point de vue techni-

que, ainsi que le fait le règlement type du 25 juillet 1895 (1), comme circulation « par les câbles », qu'elle s'effectue soit par des puits verticaux, guidés ou non, soit par des puits ou plans inclinés, mais en tant que les uns et les autres partent du jour.

En outre de cette circulation par puits ou par câbles et de la circulation par galerie d'accès, explicitement visées par la loi, il faut tenir compte de la circulation « par les échelles ».

On peut enfin avoir des circulations « mixtes », comme lorsque la galerie d'accès partant du jour aboutit à un puits intérieur, vertical ou incliné, par lequel la circulation se continue par câbles.

A un autre point de vue, la circulation par galerie d'accès peut s'effectuer à pied ; les ouvriers peuvent être aussi roulés en trains, par traction animale ou mécanique, sur tout ou partie de cette galerie et parfois pour aboutir à un puits intérieur, vertical ou incliné, par lequel la circulation se continue par câbles. Exceptionnellement même, le « roulage en trains » peut être appliqué entre le bas du puits, vertical ou incliné, et les chantiers ou quartiers en exploitation.

Le « roulage en trains », même s'il est effectué avec traction par câbles, peut toujours se distinguer de la circulation par câbles dans les puits, verticaux ou inclinés, tant par la pente des voies que par les engins employés.

Telles sont les différentes espèces qui peuvent se rencontrer, en laissant de côté les engins spéciaux comme les *Fahrkunst* qui ne sont pas employés en France.

Après avoir indiqué ce qui se rapporte à la circulation « par câbles » et « par galeries d'accès », telles que je viens de les préciser, je mentionnerai les particularités relatives aux divers cas ci-dessus rappelés.

Circulation par les câbles.

6. — La journée légale des ouvriers employés à l'abatage, sous réserve des repos de l'article 2 de la loi dont il va être question ci-dessous (n° 15), c'est-à-dire leur temps de présence

---

(1) Voir la circulaire n° 1184 du Comité central des Houillères de France.

dans la mine, se calcule depuis l'entrée dans le puits des derniers ouvriers descendant jusqu'à l'arrivée au jour des premiers ouvriers remontant.

C'est l'intervalle entre ces deux dernières heures qui constitue la présence dans la mine devant être successivement de neuf, huit et demie et huit heures, augmentée toutefois des repos réglementaires; le tout sous réserve des conventions et usages dont parle l'article 1er (dernier paragraphe).

La loi stipule que le calcul doit être établi, pour le retour, en comptant l'arrivée au jour du premier groupe remontant. Il faudra donc, pour fixer l'heure à laquelle la cage doit être mise au fond à la disposition des ouvriers, tenir compte éventuellement, pour autant que cela rentre dans les limites d'une appréciation pratique, du temps matériel, d'après la vitesse de translation réglementaire, de l'ascension dans le puits ou le plan incliné par lequel les ouvriers doivent être remontés.

7. — Bien que la loi n'ait pas parlé explicitement, à l'article 1er, de règlement, comme elle l'a fait à l'article 2, il ne paraît pas qu'elle puisse être sérieusement appliquée sans qu'il existe un règlement, une consigne, un horaire dûment porté à la connaissance des intéressés, qui détermine avec précision, en tenant compte des usages de l'entreprise, les heures où la cage est à la disposition des ouvriers et leur sera refusée pour la descente, ainsi que l'heure à laquelle elle sera à leur disposition pour la remonte.

J'aurai à revenir sur cette consigne avec l'article 2 où, comme je le disais, elle a été explicitement prévue pour les repos.

Elle ne me paraît pas moins indispensable pour l'horaire de l'entrée et de la sortie. On ne peut s'en remettre à la seule coutume pour leur détermination. C'est l'évidence même pour les mines où la loi du 29 juin 1905 conduira à modifier la coutume; cela me paraît aussi nécessaire pour toutes les autres mines. C'est pourquoi vous avertirez l'exploitant qui n'afficherait pas un horaire ou ne remettrait pas à l'intéressé, lors de l'embauchage, un règlement approprié, que cette omission constitue l'infraction prévue par l'article 6 de la loi, puisqu'il peut être considéré, par ce fait, comme n'ayant pas mis à la disposition des ouvriers les moyens de sortir de la mine dans les délais prévus par la loi ; et s'il n'était pas donné satisfaction à votre avertissement, vous constateriez la contravention pour y être donné suite par l'autorité judiciaire en conformité des articles 5 et 8 de la loi.

8. — Le règlement devra indiquer distinctement les heures d'entrée et de sortie pour chaque poste toutes les fois que, dans chacun d'eux, on occupera des ouvriers à l'abatage suivant les définitions du n° 4.

9. — Lorsque tous les ouvriers d'un même poste, quelles que soient leurs occupations, doivent entrer et sortir aux mêmes périodes de temps, il ne peut y avoir de difficulté matérielle pour le calcul de la journée légale.

Si l'entrée ou la sortie doivent se faire par groupes à des heures différentes, suivant la nature des occupations, le règlement prévu au n° 7 doit donner les indications nécessaires. Pour le calcul de la journée légale des ouvriers employés à l'abatage, on prendra, d'ailleurs, l'heure d'entrée du dernier groupe descendant dans lequel serait compris quelque ouvrier appartenant à cette catégorie et pour l'heure de sortie celle du premier groupe remontant dans lequel se trouve un de ces intéressés.

10. — Il ne vous échappera pas que déjà le règlement-type annexé à la circulaire du 25 juillet 1895 avait prévu (art. 16) l'affichage d'une consigne pour régler l'entrée et la sortie des ouvriers : il s'agit là, il est vrai, d'une consigne d'un autre ordre et qui peut avoir une portée différente, comme je l'indiquais au début de ces explications, puisqu'elle dépend de la police des mines.

D'autre part, si la mine occupe souterrainement des enfants ou des jeunes gens de moins de dix-huit ans, l'exploitant est tenu d'afficher un horaire du travail et des repos d'après l'article 11 de la loi du 2 novembre 1892.

Il semble possible et il serait utile de simplifier toutes ces obligations par l'emploi d'une consigne générale qui condenserait les diverses stipulations que je viens de rappeler et qui serait affichée en permanence sur les puits.

Circulation par galeries.

11. — Lorsque la circulation doit avoir lieu par galeries, la durée légale doit être calculée depuis l'arrivée au fond de la galerie d'accès jusqu'au retour au même point.

Ce « fond de galerie d'accès » est un point qui ne peut guère être l'objet que d'une détermination d'espèce dans chaque cas.

Si cette galerie est une « fendue » ou une voie suivant la pente, spécialisée ou non pour la circulation des ouvriers, on prendra rationnellement pour son fond le point où elle aboutit aux étages en exploitation, aux galeries constituant l'ossature de ces étages.

Si l'on entre par une voie horizontale, en travers-bancs ou en direction, le fond de la galerie d'accès serait pris rationnellement à l'extrémité où elle aboutit au groupe des chantiers en activité, aux galeries constituant· l'ossature de l'ensemble de ces chantiers.

En somme, dans chaque cas — je le répète — c'est une détermination conventionnelle à faire entre le servire des mines et l'exploitant.

Ce point déterminé, il semble que, si la galerie d'accès est spécialisée à la circulation du personnel, une réglementation très pratique consisterait à placer en ce point une porte à claire-voie qui serait ouverte ou fermée en conformité de l'horaire légal, suivant ce que fixerait la consigne ou affiche prévues aux numéros précédents, sous réserve des mesures nécessaires pour permettre éventuellement la sortie en cas d'accident.

Si, pour une raison quelconque, on ne peut en agir ainsi et que, pour l'application, les heures d'entrée et de sortie doivent être calculées à partir du jour ou jusqu'au jour, la durée de neuf, huit et demie ou huit heures sera augmentée du temps nécessaire pour aller du jour au fond de la galerie d'accès et *vice versa*.

Dans le cas où vous ne parviendriez pas à vous entendre avec l'exploitant sur ces diverses déterminations, vous me soumettrez la contestation avec votre rapport, et je vous ferai connaître, après avis du Conseil général des Mines, la solution qui me paraîtrait devoir être adoptée.

Si l'exploitant, sur la notification que vous lui ferez de cette décision, refuse de rédiger sa consigne ou son reglement en conséquence, vous en dresserez procès-verbal pour infraction à l'article 6, comme je l'ai dit au n° 7 en circonstance analogue, pour être définitivement statué par l'autorité judiciaire.

Circulation par les échelles.

12. — La circulation par les échelles d'un puits, vertical ou incliné, sera traitée comme celle par galerie !d'accès. Suivant les circonstances, le fond du puits sera considéré comme le fond de la galerie d'accès ou, au contraire, comme n'étant seulement qu'un point intermédiaire de cette galerie dont le fond pourrait être admis comme situé plus loin.

Circulation mixte.

13. — Il peut se faire que la descente ait lieu par galerie ou par échelles et la remonte par câbles.

On appliquera dans ce cas à la descente les règles de la circulation par galerie ou par échelles et à la remonte celle de la circulation par câbles, le détail de la réglementation à appliquer se condensant, pour tous les cas, dans la consigne ou l'affiche qui doit la résumer, la faire connaître et permettre ainsi par les uns et par les autres l'application matérielle de la loi.

14. — En cas de circulation « mixte », c'est-à-dire de « galerie d'accès » partant du jour pour aboutir à un « puits intérieur », vertical ou incliné, où la circulation se continue « par câbles », on considérera, pour la détermination de la durée légale, l'accrochage supérieur de ce puits comme constituant « le fond de la galerie d'accès » ou l'orifice au jour d'un puits ordinaire, que la circulation dans la galerie se fasse à pied ou par trains.

On devra, toutefois, en pareille conjoncture, se préoccuper plus spécialement de la clause formant le paragraphe 3 de l'article 1er pour le cas où, actuellement, la durée, suivant les conventions ou usages, se compterait à partir du jour et en y revenant, notamment pour la prise ou la remise des lampes ; on tiendrait compte éventuellement du temps de parcours de la galerie d'accès.

Il n'y a pas lieu, en principe, de faire état dans la détermination de la durée légale, du temps employé au roulage par trains pour aller du bas du puits d'entrée et de sortie aux chantiers ou quartiers en exploitation et inversement.

S'il se présentait d'autres cas d'agencement mixte de voies de pénétration et de circulation par galerie, vous auriez à les résoudre comme il a été dit au n° 11.

Conventions et usages antérieurs.

15. — Aux termes de l'article 1er (dernier paragraphe), il ne doit être apporté aucune atteinte aux conventions ou usages équivalant à des conventions qui permettent dès maintenant aux ouvriers employés à l'abatage d'avoir une journée normale d'une durée inférieure à celle fixée par la loi.

Il résulte de cette disposition que dans les mines où il y aurait lieu d'appliquer, au lieu de la journée légale, la journée résultant des conventions ou des usages, cette dernière journée est assimilée juridiquement à la journée légale : d'où suit qu'il y aura lieu de procéder, pour ces mines et leur journée réduite, comme pour les autres avec la journée légale, notamment pour l'affiche ou la consigne faisant connaître l'horaire du travail.

En cas de difficulté survenue entre vous et l'exploitant pour l'application de cette clause, vous me soumettrez le différend pour y être donné suite comme je l'ai dit en d'autres circonstances analogues.

D'autre part, si dans ces mines les conventions ou les usages ont conservé le système des « longues coupes », c'est-à-dire de prolongations de journées, ces « longues coupes » pourraient être pratiquées, conformément à ces conventions et usages, sans avoir besoin d'être autorisées en vertu de l'article 4 pour les dérogations occasionnelles, si la durée des longues coupes ne dépasse pas celle permise par la loi.

Un avis spécial devra être affiché sur le puits à côté de la consigne générale pour chacune de ces longues coupes.

ART. 2.

16. — La durée légale de la journée définie à l'article 1er doit être augmentée de la durée des repos réglementaires pris soit au fond, soit au jour.

On ne peut considérer comme repos réglementaires que ceux pendant lesquels l'ouvrier a le droit de disposer librement de son temps, sans responsabilité actuelle de son travail pendant la durée de ces repos, pouvant aller manger ou se reposer où il veut, sous réserve d'observer les stipulations de police sur la circulation et le stationnement du personnel dans les mines, telles, par exemple, que l'article 137 du règlement-type de la circulaire du 25 juillet 1895.

La répartition et la durée de ces repos devront figurer sur la consigne ou l'affiche déjà prévue pour qu'ils puissent être appliqués sans difficultés, étant entendu que si la durée de ces repos doit toujours être exactement fixée, leur répartition dans la journée pour les divers ouvriers intéressés peut comporter la latitude inhérente à la nature et aux sujétions spéciales du travail souterrain.

La loi n'a donné à l'Administration aucun droit d'intervenir pour la fixation de la durée et de la répartition de ces repos. Il doit en être sur ce point comme pour les repos des autres lois sociales analogues, telles que celles des 9 septembre 1848, 2 novembre 1892 et 30 mai 1900. Leur durée et leur répartition resteront fixées par le seul accord, exprès ou tacite, des intéressés. Tout ce que l'Administration peut réclamer, c'est qu'on soit en mesure d'appliquer la loi et d'en assurer l'application, et on y arrivera par cette même procédure, plusieurs fois déjà indiquée, d'une consigne dont l'oubli, l'irrégularité ou l'inobservation seront éventuellement sanctionnés par l'intervention de l'autorité judiciaire. Cette procédure est ici plus nettement indiquée, puisque la loi vise les repos « prévus par le règlement de la mine » : ce qui implique que la mine ait un règlement qui ne peut pas ne pas être mis à la disposition des intéressés.

Art. 3.

17. — Les dérogations de cet article peuvent être permanentes ou accordées pour une durée plus ou moins longue.

Elles peuvent être accordées aux exploitations ou aux parties d'exploitations qui, par suite soit de l'allure et de la nature du gîte, soit des installations actuelles, ne pourraient être

maintenues utilement en fonctionnement avec la réduction de
temps de travail que nécessiterait la loi.

Le législateur n'a pas voulu qu'on fermât des exploitations
qui ne pourraient plus subsister avec le nouveau régime légal ;
mais il a entendu que ces exploitations seraient transformées
dans le temps à ce nécessaire toutes les fois que leur modification technique serait rationnellement possible.

L'exploitant qui voudra profiter de cette disposition vous en
adressera la demande, en précisant, dans un mémoire justificatif, les raisons, comme aussi les conditions et la durée de la
dérogation qu'il sollicite.

Vous me transmettrez cette demande, avec le rapport et les
propositions de votre service, en recherchant soigneusement
si une dérogation demandée à titre permanent ne peut pas être
accordée à temps, si l'on ne peut abréger le délai réclamé pour
la transformation projetée, comme aussi réduire l'écart entre
la durée légale et celle sollicitée, sans que celle-ci puisse en
aucun cas dépasser la durée actuelle.

18. — Lorsqu'une dérogation aura été accordée en en fixant
les délais et, s'il y a lieu, les conditions, mention suffisamment
explicite et claire de l'accroissement de la journée légale devra
figurer dans la consigne ou l'affiche fixant les heures d'entrée
et de sortie et les repos.

19. — Il vous appartiendra d'apprécier les circonstances
dans lesquelles une autorisation pourrait être retirée. Vous
aurez, en ce cas, à provoquer les observations de l'exploitant.
Vous me les transmettrez avec vos propositions définitives.

20. — L'octroi de pareilles dérogations ne dégage pas l'exploitant de demander à l'Administration du Commerce et de
l'Industrie et d'en obtenir, pour être définitivement en règle,
les autorisations qui peuvent lui être nécessaires à raison de la
loi du 30 mars 1900.

ART. 4.

21. — Les dérogations de cet article sont d'une tout autre
nature et d'une tout autre portée. Alors que celles de l'article 3
doivent être sinon permanentes, du moins d'une durée plus ou

moins longue, celles de l'article 4 resteront essentiellement temporaires, ne dépasseront deux mois qu'exceptionnellement et par suite du renouvellement explicite qui vous aura été demandé et aura été obtenu de vous à temps.

La loi distingue trois circonstances dans lesquelles de pareilles dérogations peuvent être accordées :

1° En cas d'accidents à éviter ou à réparer ;

2° En cas de nécessités occasionnelles ;

3° En cas d'accord entre les ouvriers et l'exploitant pour le maintien de certains usages locaux.

22. — Le premier cas présente deux particularités :

En premier lieu, si le danger à réparer ou à éviter est imminent, l'exploitant peut prolonger la durée légale sous sa responsabilité, sans attendre l'autorisation qu'il aura dû solliciter de vous immédiatement.

D'autre part, pour toute dérogation de cette espèce qui vous est demandée, le délégué à la sécurité des ouvriers mineurs doit avoir été entendu par vous ou mis en demeure de vous présenter ses observations avant que vous puissiez statuer.

23. — Lorsque la loi décide que c'est sous sa responsabilité que l'exploitant fait prolonger la journée légale, en cas de danger imminent, sans attendre votre autorisation, il faut entendre par là que si vous estimiez que les circonstances ne justifient pas la dérogation, vous pourrez faire constater la contravention par un procès-verbal pour y être donné, par l'autorité judiciaire, telle suite que de droit.

Vous apprécieriez si les circonstances sont telles que vous deviez faire verbaliser immédiatement ou si vous pouvez vous borner à inviter l'exploitant, au besoin par télégramme, à régulariser immédiatement la situation à peine de procès-verbal.

24. — Il m'a paru que la procédure la plus simple et la plus appropriée pour l'octroi par vous de dérogations de cette espèce serait la suivante :

L'exploitant vous adressera sa demande en faisant connaître les motifs de la dérogation, les conditions de lieu, de temps et de personnel pour lesquelles il la sollicite, comme aussi la durée quotidienne du travail supplémentaire dont il estime avoir besoin.

Vous aviserez immédiatement le délégué, par lettre recommandée, en lui donnant par une note, d'après la demande de l'exploitant, tous les renseignements utiles pour qu'il puisse fournir ses observations; vous lui fixerez, en lui demandant de vous répondre directement le délai dans lequel sa réponse devra vous être parvenue et au delà duquel vous pourrez statuer en passant outre.

On pourra substituer à ce mode d'audition par correspondance un procès-verbal d'ingénieur ou de contrôleur dans lequel seraient consignées les observations du délégué et que celui-ci devra être invité à signer après lecture; faute par lui d'y consentir, mention en serait portée au procès-verbal.

En cas d'extrême urgence, si l'exploitant n'avait pas déjà prolongé la journée sous sa responsabilité et si la demande vous paraissait justifiée *a priori*, vous pourriez accorder une autorisation provisoire, au besoin par télégramme, sous réserve de l'autorisation définitive à intervenir après instruction régulière.

Pour certains travaux de réparation ou de sauvetage, il pourrait être difficile d'indiquer à l'avance la durée de la dérogation. Elle pourra être, dans ce cas, demandée et accordée non pour une durée donnée, mais pour un travail déterminé à exécuter.

25. — On ne perdra pas de vue, et plus spécialement en matière de dérogations pour accidents à réparer ou à éviter, que la loi ne s'applique, dans tous les cas, qu'aux ouvriers employés à l'abatage et pour des travaux d'abatage. D'où il suit qu'éventuellement il n'y aurait besoin d'aucune autorisation de dérogation si les travaux à exécuter ne rentraient pas dans des travaux d'abatage ou ne devaient pas prolonger la journée légale d'ouvriers employés à l'abatage.

26. — Les nécessités occasionnelles, en dehors de cas exceptionnels sur lesquels il serait inutile de s'arrêter, ne peuvent s'entendre que de circonstances économiques comme celles qui provoquaient ce que l'on a nommé « les longues coupes », c'est-à-dire de périodes où la demande du charbon est tellement active que l'on ne peut y satisfaire sans une prolongation de la journée normale.

En principe, vous vous montrerez réservé pour accorder des dérogations à ce titre. En tout cas, vous n'en accorderez que sous deux conditions :

1º Qu'il vous soit justifié que l'exploitant n'avait pas pu prévoir, avec une attention ordinaire, la demande de charbón qui lui est adressée et qu'il n'avait pas pu se mettre en mesure d'y satisfaire en constituant à temps des stocks suffisants ;

2º Que la prolongation de la journée ne pourra être imposée par l'exploitant qu'aux ouvriers qui accepteront d'y participer ; les « longues coupes », comme on le dit, resteront facultatives.

Vous réduirez d'ailleurs la prorogation dans la mesure possible, soit pour la durée du travail dans la journée, soit pour le nombre de jours d'application.

Vous n'omettrez pas éventuellement de fixer les repos complémentaires que cette prorogation justifierait.

27. — Les usages locaux visés par la loi ne pourront correspondre qu'à certaines périodes traditionnelles et bien connues, comme celles de la « Quinzaine de la Sainte-Barbe » dans le Nord.

Vous ne pouvez accorder de prolongation en pareil cas que s'il y a accord entre les ouvriers et l'exploitant : c'est là ce qu'il vous sera généralement facile de savoir. Aussi bien, vous achèverez de satisfaire à cette disposition de la loi en stipulant que la prolongation est facultative et ne peut être imposée qu'à ceux qui veulent y participer.

Vous vous efforcerez d'ailleurs de réduire au minimum soit la durée de chaque journée, soit le nombre de jours de l'application.

28. — Les autorisations que vous accorderez à quelque titre que ce soit ne peuvent naturellement pas dispenser l'exploitant, pour leur faire sortir effet, de se mettre en règle, s'il y a lieu, en ce qui concerne la loi du 30 mars 1900 et les règlements pour son application.

29. — Sauf, éventuellement, les cas d'extrême urgence pour accidents, vous statuerez normalement par un arrêté pris en la forme habituelle pour de tels actes.

Vous stipulerez les conditions diverses sous lesquelles votre autorisation est accordée; vous rappellerez qu'une copie certi-fiée de votre autorisation devra être affichée pendant toute la durée de sa validité, à côté de l'horaire normal.

30. — Chaque fois que vous aurez délivré pareille autorisa-tion, vous m'en enverrez une copie avec un rapport justificatif.

ART. 5.

31. — Vous remarquerez que la loi exige que tout procès-verbal soit dressé en triple exemplaire et que l'un des exemplaires soit remis au contrevenant.

Il conviendra donc, pour la régularité de la constatation, que le texte du procès-verbal rappelle explicitement l'accomplissement de cette double formalité.

La remise au contrevenant devra être faite par notification régulière; elle peut être constatée dans le corps même du procès-verbal, par le fonctionnaire ou agent verbalisateur, ce qui serait préférable; à défaut, on procédera par une remise distincte du procès-verbal, soit par l'ingénieur ou le contrôleur des mines, soit par le maire. Il devra toujours être retiré récépissé de la notification ou de la remise du procès-verbal. S'il y a notification par l'agent verbalisateur, le récépissé peut être donné sur chacun des deux exemplaires à transmettre au préfet et au Parquet. S'il y a remise distincte ultérieure, un récépissé fait en double sera joint à chacun de ces exemplaires. En cas de refus du contrevenant d'accepter la remise, procès-verbal régulier de la notification sera substitué à chacun de ces récépissés.

A l'expédition du procès-verbal que vous aurez à envoyer au préfet, aux termes de l'article 5 de la loi, vous joindrez un rapport explicatif; j'avise directement le préfet qu'il aura à me transmettre ce procès-verbal et ce rapport.

ART. 6 à 8.

32. — La seule sanction de la loi, comme j'ai eu l'occasion de vous le signaler à diverses reprises, est la pénalité prévue par l'article 6 contre l'exploitant qui n'a pas mis à la dispôsi-

tion des ouvriers les moyens de sortir de la mine dans les délais prévus par la loi.

Je n'ai pas besoin de m'arrêter au cas d'inobservation flagrante et matérielle par suite d'une pratique ordonnée pour proroger la journée au delà de la durée légale. Mais il est d'autres cas, plus délicats en apparence, où l'on peut admettre que la loi n'est pas mieux respectée.

Ainsi je vous ai indiqué précédemment certains modes d'organisation, vicieux ou incomplets, qui pourront être considérés comme des infractions tombant sous le coup de l'article 6.

33. — Le procès-verbal sera dressé contre la personne qui, sur place, comme Directeur, gérant ou préposé, assume la direction effective de l'exploitation et doit être, à ce titre, considérée comme personnellement responsable de toute disposition d'ensemble qui n'a pas permis la stricte observation de la loi.

S'il s'agissait d'une inobservation occasionnelle résultant d'un fait particulier dû à un préposé déterminé, ce serait contre lui que le procès-verbal devrait être rédigé.

Le procès-verbal indiquera toujours l'individu ou la Société propriétaire qui doit être civilement responsable des condamnations prononcées contre les directeurs, gérants ou préposés ; et, s'il s'agit d'une Société, on devra donner le nom et l'adresse de son représentant légal.

34. — Le procès-verbal mentionnera toujours le nombre de personnes employées dans les conditions contraires à la loi, en n'oubliant pas que ces personnes ne peuvent être que des ouvriers occupés à l'abatage sous ces conditions irrégulières que le procès-verbal a pour objet de relever.

35. — Le procès-verbal précisera enfin s'il y a ou non récidive, en rappelant éventuellement la dernière condamnation qui constitue cette récidive aux termes de l'article 6.

Observations générales.

36. — Les ingénieurs et contrôleurs des mines devront, dans leurs tournées, veiller à l'application de la loi et en rendre compte dans chacun de leurs procès-verbaux de visite.

Un passage du rapport annuel, qui sera placé au paragraphe 5 du chapitre III du cadre de la circulaire du 4 décembre 1889, sera consacré à ce sujet. Vous y résumerez la situation et rappellerez les dérogations temporaires que vous aurez accordées, les procès-verbaux dressés et les suites qui leur auront été données.

Vous voudrez bien m'accuser réception de la présente circulaire dont je vous envoie un nombre suffisant pour que vous puissiez en faire remettre, contre reçu, un exemplaire à chaque exploitant de mines de combustibles et à chaque délégué occupé dans lesdites mines. Mention de la remise de cette circulaire au délégué devra être faite sur le registre spécial pour que l'exemplaire puisse être passé au successeur du délégué actuel.

Dʳ GAUTHIER.

BAR-LE-DUC. — IMPRIMERIE CONTANT-LAGUERRE

Documents relatifs à la grève des mineurs de 1902
(France), 1 vol. in-4°. . . . .   5ᶠ »

La grève des mineurs de Pensylvanie (États-Unis)
(1902), 1 vol. in-8°. 2 50

La grève de Carmaux. De l'arbitrage légal et des
conditions de l'harmonie dans l'industrie, par M. A.
GIBON, 1 vol. de 87 pages, in-8° (1893). . . . .   3 »

Lois sur les caisses de secours et de retraites des
ouvriers mineurs (promulguée le 29 juin 1894),
suivie de la loi complémentaire du 19 décembre 1894,
1 brochure de 36 pages, in-8° (1895). . . . .   1 »

Loi portant rectification de la loi du 29 juin 1894
sur les caisses de secours et de retraites des ouvriers mineurs (promulguée le 19 décembre 1894).
Exposé des motifs du projet de loi. Rapport de
M. Audiffred à la Chambre des députés. Rapport
de M. Cuvinot au Sénat. Circulaire du ministre des
Travaux publics, 1 brochure de 20 pages, in-8°
(1894). . . . .   1 »

Note sur la transformation des sociétés civiles en
sociétés anonymes ou en commandites par ac-
tions, par Ch. THELLIER DE PONCHEVILLE, avocat,
1 brochure de 16 pages, in-8° (1894). 0 50

AFFICHES

Loi du 2 novembre 1892 sur le travail des femmes
et des enfants, modifiée par la loi du 30 mars
1900 . . . .   0 15

Lois du 9 avril 1898 et du 31 mars 1905 sur les
accidents du travail. 0 15

Commission parlementaire d'enquête sur les mines
(1902-1903)

Congrès international des mines et de la métallurgie
(1900) (1)

---

(1) On peut trouver également, 55, rue de Châteaudun, les tirages à part des rapports présentés au *Congrès des Mines et de la métallurgie* de 1900.

BAR-LE-DUC. — IMPRIMERIE CONTANT-LAGUERRE.